Israel Cândido

cartas de um poeta

Israel Cândido

cartas de um poeta

JustFiction Edition

Imprint
Any brand names and product names mentioned in this book are subject to trademark, brand or patent protection and are trademarks or registered trademarks of their respective holders. The use of brand names, product names, common names, trade names, product descriptions etc. even without a particular marking in this work is in no way to be construed to mean that such names may be regarded as unrestricted in respect of trademark and brand protection legislation and could thus be used by anyone.

Cover image: www.ingimage.com

Publisher:
JustFiction! Edition
is a trademark of
Dodo Books Indian Ocean Ltd., member of the OmniScriptum S.R.L Publishing group
str. A.Russo 15, of. 61, Chisinau-2068, Republic of Moldova Europe
Printed at: see last page
ISBN: 978-613-9-42366-8

Copyright © Israel Cândido
Copyright © 2019 Dodo Books Indian Ocean Ltd., member of the OmniScriptum S.R.L Publishing group

Cartas de um poeta

2019

CARTAS DE UM POETA

NOTA DO AUTOR:

Porque escrevi este livro, qual seria o propósito? Não há poesia sem ter

Um estado de espírito maior, ou no estado de ciência maior.

Escrevi este livro por amor as coisas que me deixam triste tentei falar

Sobre alguns erros que cometi e sobre algumas pessoas que amo, achei necessário dizer ao mundo sobre como amar no momento de infelicidade

A menção da família nos poemas, pois quando nos a perdemos nos fazem falta.

Às vezes é necessário aquentar certas coisas aprender a engolir coisas inaceitáveis na vida pensem sobre meus poemas .

AGRADECIMENTO:

CAROLINA: Garota que me apaixonei tantas e tantas vezes

Que apenas amava platonicamente, mas nunca consegui nada serio obriga do por obrigar minhas inspirações a se inspirarem em você .

IRAMI /CAMILA/RENATA:

Pois eu amo vocês, por tudo, por me ensinarem a amar e perdoar, aceitar algumas situações.

Te amo

MEUS AMIGOS:

RUAM ,THAIS ,JOÃO PAOULO, Por todos os dias me alegrarem com o som de suas musicas

Á ANTONIO JUNIOR: Meu irmão, meu melhor amigo, meu parceiro, tudo.............

Adilsom: por ser um cara muito parceiro que me ajudou em muitas coisas como no apoio para construir esta obra

SUMARIO:

Safira

Ela chega observa ,desvia o olhar ela me interrompe me observa ,a após isso me chama

Para dançar.

E nos bebemos juntos, suspiramos juntos, a que fadiga.

Se tornou tão antiga onde os mundos quando as observo quando a ouço chorar

E quando a ouço chorar não sei o que acontece o mundo implora seu perdão.

E nos bailamos juntos e cantarolamos juntos alguma antiga canção

Tudo

Tudo talvez seja nada

Algo não existe

Mundo sempre é muito

Muito é muita gente

Muita gente pode ser

Muitas mais coisas de

Demente.

Amor

Amo, pois o mundo

M ensinas a amar tudo que

Temos a perder

Tudo que conquistamos

Perderemos

Numa simples e irônica

Palavra amar

Por que

Alessandra

Alessandra, muito bem palavras que me vem

No mundo não a ninguém com sua felicidade, mas

Tanta beleza não cabe só a ti

Então por favor, divida comigo

Camirá

Camirá caminhara para chegar a Camila

Tantas coisas que pensei quando a vi não

Sei.

Minha gratidão só teve quando

Você me disse: AMO-TE

E que nada no mundo me faria ser um derrotado.

I Love you

Coisa

Ó coisa amada que me agrada

Ó causa sagrada onde o nexo

Não resiste num mundo de tão terrível

Ilusão

Iludido eu sou quando o mundo me disse

Não há pessoas feias, há pessoas mal acostumadas

Que coisa

Irami

Fernandes não conheço, nem irami

Conheço mãe algo especial para mim

Num mundo, só de pensar

Nas coisas e causas da sua maternidade

De coração.

Não te esqueço

E só falar que te amo é muito pouco

Mestre

Nunca me ensinou a ser algo que não

Seria

Sempre me ensinou a compreender outras etnias

Num mundo a sabedoria, se consagra para ti

Todo seu conhecimento me validou a garantir

O que o mundo mais precisa era garantir o poder

Pois seria o intelecto.

Morte

Morte, morte

Vida, morte, Love, morte, dark, morte

Morte, sorte, timbre, linda,

Beleza, transa, coisa ,coco,esmerada, negra,

Tragédia, paixão

Poema dada parte 2

Aaaaaaaaççallallalala

Kkkkkkkk

Ashuahauhuhuh

Hhahahahahahahahahahaha

Risos são apenas sentimentos de improvisos

Ensino

Ensino coisa de menino nas viagens

De um grilo

No esquema de um girino

Na mente um furacão

Sobre os pilares

Um negrinho não me diga

De coisas, sobre mulheres

Geias de amor me ensina

As coisas de ser um negrinho pobre pastor.

Saber Escolher

Surreal, apologia noite clima mal foi sobrenatural pensar que te amei. Por acaso, te beijar por acaso, te amei no acaso.

Foi apenas uma prece ao teu Deus, que não é tão importante quanto você. Te amei nas colunas, nas terras, nas raia, não pedra, vividas, amigas, granadas, você não foi a aleatória que peguei mas, sim a que me apaixonei e amei.

Oração

Que sejamos frutos da luz

Que não sejamos frutos do arrependimento materno

Que o que nos faz sonhar seja eterno

Que tudo e todos sejam amantes fraternos

Que tudo que mata

Seja um fracasso

Não seja o ódio o fruto da ignorância eterna

Que o fracasso de os que fazem o bem não os façam desistir

E que tudo e todos consigam conquistar tudo que na vida sonhou...

Fragmentado

Ó minha menina queria dizer que te amo

Ó minha sina me tiras deste mundo me faz um total vagabundo

Que vai te amar até o fim deste lugar que nunca vai chegar

Te amo com amor maiúsculo pois sou triste e vulnerável as suas tentações

Estou cego, pois só consigo enxergar o que faz encher seu ego

Será breve o olhar, mas os milésimos em que te olho terá um tempo secular.

Pois bem é preciso te amar.

Precipício

Perdão por te trair, te sucumbir, mentir. Mas aquilo que nos juntava não há mais.

Amor não digna um homem, mas o confunde. Todo dia um homem morrer, sim. Todo dia um homem morre, sim. Pois se apaixona sim.

Todo dia alguém nasce. Esse alguém pode ser qualquer um ou uma, será que seria você. Não! Nunca seria você.

Quando a luz nasceu você já existia, quando o amar se abriu você se banhava, quando o cometa implodir, você compadecia quando o amor brilhou você sorrio, mas enfim, quando meu fuzil disparou você partiu.

Ironia

Não seria mais momento, mas escreverei um poema, um leve tormento, para aqueles que implicam com os meus sentimentos.

Uma coisa diz, por favor, seja meu amigo, cantarei essa nação, farei cosido de políticos, lavarei minhas cuecas em pleno atlântico: morrerei por amar ou por amor.

Conservar-me-ei feliz por ódio. Serei colega de Dionísio e Efesto, roubarei o inferno do diabo. E o dia que alguém me perguntar por que faço o que faço, direi: porque sou poeta e ser poeta e ser louco, ser pirado resumindo ser amado.

Tempestade

Por tanto tempo chorei por apenas uma mulher

Por tanto tempo me encantei por apenas uma mulher

Mas esse tanto é tão pouco tempo.

Mas esse tanto é tão pouco tempo

Foram tão poucos sorrisos, mas tão poucos milhões de sorrisos

O que faço se me tirarão meu júpiter amor

Mas que de tão júpiter era tão platônico.

Simplesmente

Simplesmente aquela beleza, eu a chamava de natureza por que era natural tinha
,pele

Tinha sangue, tinha sal, não sabia por que era tão fatal

Fazia muito tempo que eu penso em amar

Tomei cuidado, por beleza é muito fácil me matar

Nesta proporcionalidade infinita

Isto para mim é uma sublime alucinação

Ela era mais antiga que o inicio dos tempos ela era mais antiga que o fim do futuro.

Procuro quem amar

Procuro aquela menina que me ame

Não ligo pro se seu passado seja de vadia

Aquela menina que se preocupa

Comigo e com o próximo

Aquela menina que esta a busca de quem amar

Aquela menina que antes de eu acordar já me beijou 70 mil vezes

E falou meu nome outras centenas de vezes.

Procuro uma menina que tenha pele fresca e macia

Procuro a menina que amei pelo que eu sou ''apaixonado''

Imagino-a sempre, mas nunca vou achar ADEUS.

Carta de amor

Nesta carta de amor dedico ao que vejo na pessoa que me encanta

Era muito tarde quando pensei pela ultima vez em você

Nesta noite acordado sofrendo me indaguei por que você.

Certa vez sonhando me imaginei ao seu lado nos enamorado

Brincando acordados parecia tão real, logo na manha não conseguia abrir os olhos por medo de olhar para meu lado e perceber que você não esta

Ai.

Neste sonho longo foram os pensamentos impuros, nestas imagens imensas que fotografei não sabia por onde começar

Pois meu coração apaixonado pela pátria, pois é mãe e por você, pois é mulher

Quanto apego daria se tu fosses minha e eu fosse teu me perderia em teus lábios, ó meu Deus por quê?

Demais seria minha vida se estive ao teu lado minha melhor forma te personificar a tão admirada beleza.

PAIXÃO

E ela só quer me beijar

E ela só sabe sonhar

E eu só fico bisando

Neste sorriso lunar.

Onde fico não só a idade sabe parar

Sua beleza é difícil se acabar

Onde o tempo de tristeza sua natureza

Não deixe continuar.

Onde um mundo melhor de loiras a morenas

Que comandado onde suas bravas coisas o mundo não manda

Onde seu nome chama Rosa, mas seu infinito não

Tem cor

Mãe

Mãe não pensava em dizer que tão cedo vou partir, onde o mundo que conheço

Não pertence para ti.

Triste conclusão

Que tive foi falar que a minha vida não se basta só ao lar

Onde a única coisa que faço bem é dizer que sempre vou te amar.

DESCULPE MÃE VOU TER QUE VIAJAR

O que eu quero em você:

Troco a minha paz pra te ajudar a atravessar os seus problemas. Troco o meu sossego pra te ajudar com suas turbulências. Troco meu conforto pra dividir a cama contigo. Eu prefiro conversar com você a ficar no meu canto sozinho. Não importa quantas pessoas vierem falar comigo se tudo que eu quero é sua vou. Não importa quem vai aparecer na minha vida se tudo que eu faço e pensar em nós. Tu pode não acreditar mas eu sei que não teria ninguém melhor pra estar do meu lado! Ninguém vai ocupar o seu espaço seja agora no presente, no futuro ou alguém do passado. Eu quero o nosso amor vivendo em paz. Eu quero você sem se preocupar com ninguém mais. Eu quero o nosso mundo só eu e você. Quero sossego e tranqüilidade. Quero ver nosso amor florescer. Tu merece todo amor que eu tenho pra te dar E tudo que eu tiver de melhor é pra ti que eu vou guardar. Eu troco todas as minhas propriedades pra viver as tuas. Eu troco tudo àquilo que nem tenho para viver contigo. Troco tudo para ser o seu marido...

O QUE DA VIDA QUERO

Quero viver a ditadura da liberdade quero viver minha santa mocidade quero viver Souto, num lugar que a população não sofra de demência que a minha nação não apóie a ditadura violenta nem nenhum tipo de atitude assim quero viver num pais em paz onde as drogas não incomodam os pais onde a mídia não diga que o aborto é legal nem mostrar que matar é normal quero pedir que abram os olhos para ver que não podemos sorrir por sermos filmados, onde todo lugar devemos viver desconfiados onde a bala que mata um inocente que vem da Bolívia seja proibida . Aonde a droga que vem do Paraguai chega a qualquer estado e ultrapassa os cais.

Em tempos de influencia, numa juventude de demência esses tipos de drogas tornassem nosso mundo em um planeta em decadência...

CHALE DOIDÃO

Era um chalé muito chave muito chave

Ele era, mas ele não era um chale de verdade

Na verdade ele era fruto de uma erva

Que fez brotar na minha imaginação algo como um chale

Chavosão

Que falava comigo como um amigão

Mas depois que o efeito passou meu querido amigão chale nunca mais voltou.

VIDAS PASSADAS...

Diferente da fada te vi

Diferente do tempo vivi

Diferente do amor eu sofri

Vivendo ao seu lado morri

Mas a luz um dia brilhou

Minha alma em outro corpo raiou

Agora fui feliz e você continuo ao meu lado

Vivendo o presente e o passado

Somos nos dois pela eternidade.

TRANSPARENTE

NISSO NEM TUDO É VISIVEL.

Sinto muito dizer que te amo Sinto mais por dizer que te esqueci E o que senti não foi a se partir Que meu amor esta presente em ti Mas quem eu amo não existe mas esta presente em mim Desejo a platônicidade do filósofo Desejo você de verdade Desejo sua mocidade Sua felicidade eu meu lado Não lhe digo que sinto saudade Pois saudade é o trem que divide a ilusão mas que trafega a imensidão...

VIDA

A vida são vasos de sangue

A vida é herdada

De mortos suicidas

Ou das almas longínquas distintas

Que vagam solitárias amigas íntima

Ou amarguradas

O Sorriso

Ela era tão bela quando sorria

Ela era tão tímida quando amava

Eu a sentia

Eu a via

Ela era linda

Porque sorria.

Sorria não por ser feliz

Mas sim por tentar ser feliz.

LOVE THE GIRLS

LOVE THE TIME. Love the time, love the time and the guirs Love the girls Battle bedroom, battle field of girls The house, the living room The living room of the house

bedroom, battle field of girls The house, the living room The living room of the house

Two girls, one gun Love the time One gun a smelly bedroom in the house Two girls,

one look Two girls, one word Two girls, one gun One gun I don´t know anything I

am a bunch of flowers Love the time, love the time and the girls Love the girls Battle

bedroom, battle field of girls

Por onde

Esquece de uma vez por onde andei

Por onde pisei amaldiçoei

Não consegui viver ao seu lado

Por isso vaguei

Como um cão

Tentando achar um caminho

Certo para

Sua casa

Mas quando percebi

Estava muito longe

De onde você estava

Da ultima vez em que te vi

Onde larguei meus filhos

Você e tudo o resto

Nunca vou conseguir ir até

Você, pois a sete palmos

Descanso agora

E espero que tarde te vejo pois só assim terei certeza

Que você ficou em boas mãos.

JUNIOR

Nobre guerreiro

Parceiro, teste de meu coração

Faz parte de milhões de células de meu cérebro ,não tente entender

Isso

Você é pode ser tudo deus permite, só que por minha

Parte não vai deixar você ser infeliz

Obrigado parceiro. te desejo paz

Ou algo parecido.

Tento entender parceiro, por que algo tão grosseiro nos separou, não sei se posso ser feliz, pois não tenho certeza.

Te amo irmão.

S /B/R

Triste é uma maneira que me vejo

Triste é uma maneira explicita

Um desejo.

Triste é o balançar de teus cabelos

Triste são as matérias primas de teus pelos.

Triste são teus olhos

Escuros clamando por socorro

No alto da madrugada

Triste são teus olhos maduros

Vendo o que não devia, seduzindo quem não deveria

Negros, pois na verdade não transmitem a doçura de teus

Lábios.

Me indigna não te darem valor de arte

Não te darem amor de verdade

Tirarem sua virgindade

Perderes a mocidade

Me roubares o valor da honra, de ser fiel

Pois tu mulher

Me lava o cérebro dizendo que me ama.

SUPLICA

Suplicai ao seu Deus que tens de ser forte , pois temes a morte ,mais porque te julgas , porque te oponhas . Se tu te amas não ligues, não há.

-O que não há, reclamas o pobre moço falando com o narrador deste conto.

Eu digo

-Não há felicidade, nas circunstancia em que vives, se internas nas garrafas de Licor, se matas de amor ao que não tem valor, porque isto?

-Por algo me faltas.

- então suplicai, fujas e procure um templo, o templo do homem

-que seria isto.

-seria um lar, de mulheres solteiras, onde se embebedaras e com elas ficara.

- Achei que você esta tentando me ajudar.

- O consolo do homem, que no caso seria você na sua forma mais pura seria o sexo. Você pode estar em vantagem se não seguisses

Os conselhos de um desconhecido.

- Mas então o que farei, não vejo mais a luz, vivo em uma eterna escuridão, acho que não teria jeito se não me matar.

- Você então siga o caminho do templo. Guando passar o veras uma moça acidentada e ira a ajudar, você vai a levar com segurança até teu carro, onde ela a pedira que a leves até sua casa. Como forma de agradecimento lhe cedera seu bem mais precioso seu corpo, e se levaras pela tentação.

-Mas como sabes disso, senhor narrador, que sabes de minha vida.

- faça o que te digo não, me perguntes sobre isso não queiras saber sobre você.

- Te imploro.

-Você quis assim, você é uma criação minha estúpida sedentária, que tento salvar agora, você não passas de uma criação de um escritor feliz por ver a infelicidade de seus personagens, não ligues para isso me obedeças e ficaras tudo bem .

- Então, me fales eu morrerei.

- Sim, mas não tão cedo, vai morrer após sua ultima filha se formar em astronomia.

- Quantos filhos vou ter, com quem me casarei, o que farei.

- Você terá três filhos, uma chamada Atena, outro chamado Caio, e outro chamado tesla, com personalidades totalmente diferentes, só poderei dizer isto.

Ele respirou e seguiu, fez tudo conforme o que te falaram.

Após aqueles 25 anos de sofrimento ele viveu feliz para sempre. Teve o que o escritor cobiças e entende como felicidade que sempre desejou e que um dia vai ter

Preciso

Preciso ver teu corpo moreno nu em mim

Tua mente santa e crua com a minha

Tua pele sensual encostada na cabeceira de minha cama

Preciso contemplar as estrela ou o mar com um sexo cósmico

Não deixes uma só melodia nos negar prazer, deixar que as brincadeiras do mundo se encaixem num perfil errado , que nos magoa .

Não minta para mim as coisas bobas, deixe para mentir coisas serias, minta para mim que você não é uma sereia, minta para mim que me odeia.

Me cure, me cure deste momento cru , tenha dó dos casos que tive pois não foi só eu que errei por não ter precisado das coisas que no passado me ofereceu.

Trop.

Alucinação, as vezes as me drogo , as vezes penso como ganhar dinheiro penso como me iludir como o mundo me deu 1% de chances e eu perdi.

Me dizem para , isso faz mal , é claro que eu preciso que eu tenho que para, mas eu tento e parar, mas isso é só um treino,

Não posso parar, pois meu vicio é você.

Onde Estamos

Preciso comparar você com um grão de areia das belas colinas do sul, deu vale que tenha um rio de suco de uva, onde as coisas são tão iguais onde no mundo não há coisas como La, onde precisamos das coisas como elas são como Platão dizia que das coisas que vivemos neste mundo não são reais, nada é real nem você neste mundo das idéias onde tu vives você é um grão de areia, mas tão raro e difícil de achar como os infinitos raros e distantes, mas que estão dentro de nos, mas que só os raros e bons acham , onde as filosofias são tão previsíveis , quanto te chamam de linda não digo que te conquistaria pois o lugar onde você esta eu não posso entra ...

Termino

Não me importa, pois o adeus não é o fim

Não me importaria se você morresse aqui agora na minha frente, não te daria um adeus ou um fim , você não me machucaria nem um pouco, não doeria em mim pois você nunca deixaria de existir.

Não aconteceria nada, pois te AMO e nada de faria sumir de perto de mim, uma das coisas mais complicadas da vida é pensar que acabou.

Nada acaba tudo se transforma

Se você morrer para os outros, será porque não cabia no coração deles, se um dia tu que me encantas que as vezes eu chama de fulana que pouco gosto e muito amo que muitas vezes coloquei na primeiro lugar de meu coração das coisa complexas

Num amor que se ouve toque físico não seria tão platônico.

Meu amor platônico te amo.

Banalidades

Contemple o vazio, o vacu, a falta de espaço na impactante

Esfera do homem, pois nos deixam num vazio tão cheio de coisas

Na verdade falta para esses escrotos, coisa que tem de mais

Mas que são menos banais,

Falta menos ódio, falta mais amor

Falta mais paz, faltam mais pais

Faltam mais animais, menos pessoas banais, menos pessoas imorais

SAN

Tua vida que me glorifica

Teus jeitos que me incomodam

Teus sorrisos de mil dentes que me ilumina

Me sangra, me engole

Santo seria as deveras situações do teu passado

Mas que de tão santo, sangraria piamente,

Para se purgar das coisas que me fez.

Aonde iria, sonhar que te amaria, pois santo não seria

Aqui acabaria seria onde nos dividimos e vossa santidade acabaria.

ONTEM

Passaria muito, muito rápido

Passado que me adiantas prever o futuro

Pensar em você, pensar que ontem era feliz belo saudável

Consumista, hipócrita, ciumento

Cheio de qualidades e defeitos

Ontem era casado

Ontem tinha filhos

Ontem era empresário

Ontem era milionário

Ontem me mataram

E agora quem sou eu?

Nostalgia

Apareceu apouco um livro antigo

Cheios de imagens, de rostos tão familiares

Tinha La a foto de uma menina, baixinha,

Gordinha, dentuça.

Com um gatinho, um brinquedo,

Sorrindo parecia que já tinha visto ela,

Já virá sim ela, conhecia há menina da foto sim

Era minha Irmã, que pouco lembrava depois de tanto tempo separados.

Coisas que só uma Vitoria assim para conhecer...

Tio

.

Parece ser um parente, não teria nada

Na vida aparecem pessoas estranhas como anjos tentando

Te ajudar, e você num momento de estremo pedido de socorro

Num túnel, que no fim não dava para enxergar um pingo de reflexo de luz, algo tão
doloroso e macabro

Se não tivesse força para aquentar as ciladas, deste mundo ruim que encontrei.

Tem que ser especial para tentarmos agradecer com a vida no lugar delas, te amo
pessoas da minha vida...

Morena

Ó morena, deste titulo dão clichê

Onde nós estamos, para onde eu iria

Com sua maquina de fazer vida

Onde aquela criança que via, comigo no primário

Estudando, que desde La me conquistei

Iríamos morena, acho que já sei

Iríamos seguir o sol, pelo caminho

Do mais belo girassol, onde caminharíamos

Pelas nuvens de algodão, e chegaríamos...

Ferro

Aço perfeito, engenharia absoluta, tema de diversas revoluções

Tratar-me de algo assim não daria uma única vontade de escrever sobre tal coisa

Me impede de submergir num abismo

Infindável, de guerras indomáveis

Ferro sinônimo, de morte te amo, pois também é sinônimo de vida, de cura de avanço de coisa oportunas que ao casso que

Crianças, sedadas nos contemplem, pela nossa sociedade

Que ama o ferro, que nos deixem morrer num prazer tão grande de comer níquel, ouro e tudo que nos matamos para ter

Ferro salva vidas, sim!

Salva as vidas do purgatório, pois La como em todo lugar tem valor monetário.

Alto do penhasco

Imaginei um penhasco

Muitíssimo alto onde avia aos seus pés campos de flores

Das mais belas e macias onde todos os pássaros

Vão lhe trazer flores

Onde o ar tem aroma dos amores feitos sobre seu solo

Onde quando acordo acho que durmo, pois

Esta realidade é muito fora do real

Não cinto pena de quem vive fora dali

Pois onde só existe felicidade

Você vai implorar para ser triste.

Amante

Com que frase diria às coisas que almejo falar

Como diria que fui machucado, sendo que

Saberia amar, amar as coisas que me levam

Olhando o espelho vejo meu maior inimigo

Mas como saberia disto

Deixas eu ser seu amigo dizia, o homem menino

Do espelho que era eu

Mas como saberia se isto iria ser verdade

Desconfio da minha própria personalidade: credo!

Átomo

Que me faria te pegar

Sua milionésima, grão de areia

Que criaras o universo

Numa única universalidade

Numa suprema universidade

De poeiras galácticas

Dera ciência para o homem evoluir

Na vida.

Mantemos o átomo como criatura obvia

Da existência.

Antes de você aparecer átomo não avia nada. Após você aparecer em tudo avia você.

O homem é lobo do homem

Desgraçadamente, nos como civilizado

Exploramos, destruímos ,matamos,

A bíblia fala que o diabo veio roubar matar e destruir

Então o diabo é o homem,

Que conspiração criticarmos o diabo, o demônio

Amaldiçoarmos o *mesmo*, mas ao mesmo tempo

Fazer mos tudo que esta de errado

E não percebermos.

Feridas

Que chorem, que me condução ou levem ao prazer

Feridas aberta, suaves, mas masoquistas

Feridas que foram abertas por prazer

Sem sentimento que uma mulher de prazer

Abriram em mim, estas mulheres de prazeres

Que homens contemplam sem ao mesmo

Conhecer, e que as tocam, as sentem

Vibrar e gemem juntos delas

O que me acalentaria, se não o seu prazer

Que loucura passar a noite ao lado desta

Mulher de prazer, que abrira

Minhas feridas para sempre.

HELP

SOCORRO

ELE VAI SE MATAR

O SALVE

NÃO DEIXE

CUIDADO MORREU...

Libertasse

Tire este mundo ruim de dentro de

você Acorde , não é o fim , você vai

mudar

Sua vida , vai durar

Aquente firme estou aqui

Fale com Deus ele sabe o caminho

E não terá nada para te segurar

Você vai vencer

Tenha fé

Te amo

Te quero muito bem

Pode confiar em mim

Tente procurar ajuda,

Isso não é normal

Você mora no meu coração

Não esquece que eu te amo

Tudo faz sentido

Você é linda é lindo assim mesmo do seu jeito

Calma, conte até três.

Largue isso meu filho

Te amo obrigado por não ter feito esta loucura.

A partida

Não partirias sem você, para lugar nenhum

Você que me guias em tudo que faço

Sem me despedir como ficaria

Sem teu abraço e teus beijos

Te que seria, pois você

Me ajudas a aquentar tudo

Então só partiria sem você

Quando morresse

Lagrimas de cristal

Pois onde houver vida, La estarei.

Aqui a vida senhor

Mas estou sofrendo

Tanto, tanto que seria quase impossível

Parar de sofrer, vivo numa casta que me castiga

E que agonizo e sofro

Me traga uma coisa boa para mim e para minha família

Que darei o que o senhor quiser

Então logo bateu na sua porta um senhor de barba bem branca

Muito maltrapixo, que falou para irem para o castelo, com tudo que tinha de alimento

Logo o homem cumpriu o que mandara o senhor.

Chegando lá o rei ordenou que colocassem tudo o que tinha de comer com os ratos.

O homem já imaginando sofrer alguma punição

Pior do que ver sua família passando fome. Ouve do rei

-Caro senhor, neste mesmo mês que assumi o reinado de

Meu pai acabo de vez com este sistema de desigualdade em que você vive, também lhe daria vinte sacas de ouro, por seu filho ter me salvado da boca de um tigre feroz.

Logo então o homem vira rico, e muito feliz com sua família

E teve dinheiro para sustentar suas gerações por muitos Séculos.

Fim

Patinho

Eu vi um patinho nadando na banheira

Brincando com as crianças

Nossa que patinho feliz

Que bonitinho

Que ele é não nega já ter sido o patinho feio

Mas mesmo assim falo

Crianças já deram à hora parem de brincar

É hora de ninar.

Bonita

Que diferença faz, para a mulher bonita

Qual é o sentido perguntar se você esta linda

Para que ter, um sorriso tão perfeito?

Pra que ter, o olhar perfeito?

Será que é por ser muito bonita

Que te faz ser assim, pois fascina tudo

E qual quer ser que seja masculino, e sensível o suficiente, para

Compreender o que sente por você, um adeus

Mulher bonita.

Sentido

Qual é o sentido, que me levas a você, qual é a

Verdade, na verdade que verdade seria

Qual é o problema, que apenas uma

Margem pequena, que me subitem

Num grau de qualidade, que apenas

Uma mocidade que me cheiras saudade me trás o

Um pleno sentido de verdade...

Plano

Que prazer tu tens de me seqüestrar,

Qual seria sua vontade, de matar sua vontade de transar

Qual seria o plano paro o seu prazer

Semear a intriga de me machucar nos detalhes mais polêmicos

Numa palavra sangrada, num momento que me seduz

Teu olhar alfa que me conduz

Pois que nesse mundo nem Jesus que é Deus condenou

Ao inferno um homem como *eu*...

Elétrica

Pela vida ou pela morte me conjuro

Não sou forte, em meu porte te imagino

Sempre contra o norte

Que pena seria se a energia se fizesse

Pasma numa gosta de asma

Que lhe trás com sua poluição

Na deriva do meu mundo num

Aquecimento profundo

Como num submundo

De destruição

Me vejo num caminho apertado

Onde a vida acaba

Pois a cada dia que gasto esta bela forma vital

Em que sacrifico milhões de vida

Mas estas vidas são apenas parte de um sistema

Tão bruto e arrogante que mesmo quem contradiz ele

Não se atreva a reagir contra ele

Mas sim contra os seus

Neste mundo tão pequeno

Acho que devo ser apenas mais

Uma nota em base de números e fontes numéricas

Onde acaba minha vida num demonstrativo

De um banco de dados tão

Bom como os contratos que fechamos

Todos os dias sem terno e sapato

Vendendo nossa liberdade

Para um bando de ratos

Mas não conseguiríamos viver

Neste mundo globalizado

Nesta vida

Somos os esquecidos

Num vale a terra se encontra

Num abismo estamos

Caindo de leve

De pouco a pouco parando

Ao um pesadelo

Cada

Chuva de domingo

Fria

Pálida

Chá

Tempo

Água

Fria , mas muito divertida , muita alegre , coisa que sempre me traz

Felicidade é molhar o chão com o céu.

Felicidade é comer pão e com um tempo bem diferentão

Brincar com criança esperando o céu, trazer o sol para mim

E o arco-íris para você.

Clero

Leigo seria se a minha mentalidade estúpida

Por aceitar, coisas sublimes aconchegar

As íngremes montanhas, nas costas.

No claro que aceito um tempo, para você nós nos casarmos

E o clero nos mudar, nos aconchegar, nos julgarmos,

Matarmo-nos e crucificar-nos.

Clero que não nos perdoe, mude o mundo

Mas não nos mude.

Super

Super seria um planeta, as
Saudável não super poluído
Super seria um homem honesto, não super corrupto
Super seria uma mulher apenas bonita, não super bonita
Super seria um amigo não um super inimigo.

Então qual seria sua intenção de formar uma super união

AMIANTO PARTE UM

Não precisava ser assim

Você vai entender

Preferia que me iludisse, não teria que pensar na crueldade de ser iludido
Não teria que pensar que te amava, não teria que dizer

Que apenas te amo

Que sofro em aceitar isso, mas que te entendo que meu sofrimento

Não ressume nem faz parte de você, não mentiria em dizer

Que penso e sonho estando ao seu lado

Querendo entender que você faz parte de algo que só eu sinto

Para que tentar coisas inúteis estratégias moveis que mudam

Como planos tantos que já não tem na nomenclatura deles algumas vezes

Infinitas, me desculpe se eu errei nas características infindáveis de meu amor por
você

Também diria siga seu norte porque se vier ao sul se sentira culpada por machucar o
coração de quem sempre te amou.

Mas fique tranquila você vai entender.

Você vai querer que esteja ao seu lado

Faz sofrer, por favor, me responda. O que tem que me prendes a você

Responda-me, faça valer à penas estas lagrimas que derramar neste caderno

Faça aparecer o sentido.

Logo a magia acontece.

- meu amigo, não teria sentido você namorar comigo desista de mim, pois senão você vai sofrer muito, não imagine eu ao seu lado, pois você para mim é um cara errado, entendas.

- como sempre você aparentou der algum sentimento por mim, mas vendo isso fico de Mãos atadas, esperarei a lei de o retorno fazer a parte dela deste amor que sinto que não me deu chances de provar. Pois escolhi a pior das profissões ser poeta me apaixonar muito fácil por pessoas muito difíceis que não teriam a mínima vontade de pedir desculpa por ter machucado meu coração.

-Mas porque machucaria seu coração, não coloquei uma lança nele se fosse assim já poderia ter certeza que machucaria o coração de vários outros homens e você poderia ser o numero um hahaha.

- claro pensei que te conhecia, mas só pensei mesmo, pois o que conhecia de você era mínimo, pois as fotos do seu quarto que roubei quando você dormia, me ajudaram a te conhecer.Me escute não vou te esquecer jamais te esquecer, e que por isso me condeno e me odeio muito tanto que me culpo por te amar e não confessar por guardar só para mim o que sinto e não ter um pingo de coragem em assumir as minhas paixões como um pássaro que só ama quando esta com os pés no chão, e não consegue amar voando, mas como eu só observa .

Te amo, mais do que imagino pois não há alguém que me seduz, e que me contamina com estas indiscriminadas belezas, este surpreendente jeito de ser que não aguento, que fico observando e me matando num sentido impuro que qualquer um possa imaginar, com coisas tão bobas que só você faz e que me cinto tão ausente de mim mesmo que sofro pois nunca, nunca mesmo estarei do seu lado me cinto um derrotado pois não aquento nem pensar que te perdi e que ao seu lado de nada consegui e disto nada farei você conseguiu não ter apenas mais um homem a seu favor e sim mais um escrevo seu de amor.

Rock

Que a pedra mais brutal

Como tal coisa fatal

Estas rosas em seus braços

Numa liberdade, como nunca vira antes

Aqueles olhos de Aquiles com um suspiro de avires num caminho tão torto.

Esta pedra não ignora sua beleza que és rock

Não se arrependas, pois numa metonímia do tempo existe

A ignorância de um homem qualquer.

Ponto. ....

É pontual?

Qual seria o poder do mundo sem o poder das palavras?

E apenas mais uma pergunta se há um ponto a espaço, então por que o mundo não
Poe um ponto final nos espaços dele.. .... ??

O Grito

Às vezes, é preciso mais do que pensar nos litros fera do planeta terra

Que se rompe em guerra

Que queira um dia ter um fim

As plantas sofrem, o sistema morre

O mundo engole as tantas poluições reais

A ecologia diz: Você é um planeta aprendiz!

Seria apenas uma seriema a voar

Sobre as latas de um mundo que esta cada vez mais reciclável

E também nuclear

Uma economia que invés de pensar na ecologia pensa no serviço militar

A fauna, flora, oceanos, ecossistemas pedem socorro

Cabe a cada um de nós atendermos a esse pedido

Um socorro sustentável, consciente, mas mudo!
Sustentabilidade do meio em que vivemos é sustentar a vida

Somos os maiores beneficiados de tamanha perfeição divina

Mas, por outro lado, somos os responsáveis pela destruição

Que se alastra

Nós temos um mundo para salvar

Bilhões de crianças para nutrir

Nós temos a diferença para fazer

E as matas do mundo refazer

Cuide do mundo ele é a chave do que te trás prazer...

Como Estou...

Estou cansado de viver mais uma primavera infeliz

Pensando em vários lugares, vários países

Pensando nas pessoas enamorando, namorando ou brincando de ser feliz

A primavera para mim tem pele clara

Tem aparelho e óculos

Tem cachos perfeitos para que as flores florissem

Onde sequer as deixem e amanheçam.

O olhar da primavera chama a ti, peça ela te seguir

Onde os verdes vales os protejam

Onde os grandes campos que o mundo desconheça

Caminhem em paz.

E é claro se enamorem muito, muito, muito.

Triste Somos

Vá embora

Desista de mim, não olhe para trás, vá embora

Me esqueças, me isoles e me deixe aqui a gritar

Ate me dar vontade de sair correndo por ai

E me atirar da mais forte e grande montanha

Que se imagina e depois sair de La gritando

Só que agora morto

E sair por ai pedindo esmola para as outras pessoas mortas que conheço

Que sofreram tanto quando te amaram

Todos estes milhões de pessoas

Que desperdiçaram milhões de eu te amo que sempre falei como um tolo

Apenas nos juntaremos e te mataremos como tudo que você matou em nós.

NOTURNO

Arvores vão a vapor consomem

Numa noite chuvosa o que os homens segam

Ele vem do inferno numa tremenda carruagem

Cintilante o inferno brilha a os olhos dos puros

Lúcifer apareceu mostrando a morte do futuro homem

Lúcifer come e observa o atraso do homem

Por minutos de prazer

Ele tocou e acalmou o homem do maior psicopata

Aquele que permite matar em seu nome.

A Deus Diabo..

Pensei

Pensei por que escrevi,

E achei as respostas

Escrevo para ti.

Às vezes o pensamento me invade

Nas coisas que nos machucam

As coisas que imagino reagem contra si

Os serenes não se encaixam.

O que pensei ficou por isso mesmo sem um fim. Desculpa se menti.

morena beleza ingênua, castanear sua beleza no chapéu. Umas, as belezas são normais outras nada de diferente. Mas você é de beleza surreal é sobrenatural, é a irrepresentável no papel e na carta postal. É a que precisa que concentrem o que tem de belo no bem e no mal. O carinho que tem que eu quero sentir não precisa ser em mim, só quero que ame e que seja feliz.

Letal, ser pequena, seus cabelos escuros, seus sorriso perfeito, seu olhar profundo seu beijo quero imaginar, seu amor conquistar... Por quê?

MUITO OBRIGADO

Muito obrigado a os meus leitores a todos os parceiros

A editora e as pessoas que acreditaram em meu trabalho

Muito mais obrigado aqueles que desacreditaram de mim

Queria dizer que estas poesias foram escritas pelas minhas lagrimas

Em momentos felizes e muitos momentos tristes que me deram um ar tão profundo

De inspiração onde alcancei a gloria

Queria dizer que no que a mais triste no mundo existe a beleza

Que nunca esqueçam suas raízes que não critiquem o seu igual

Pois a coisas, mas e boas natas de nós.

Não digam eu te amo da boca para fora, mas sempre ame, ame com

Tudo que tem.

E só mais uma coisa antes de acreditar em qualquer coisa em família, Deus, pessoas, acredite em você, você pode ser todas estas coisas em só uma única pessoa

Essa triste coisa que temos que enfrentar todos os dias não serão páreas para vocês.

Israel Cândido

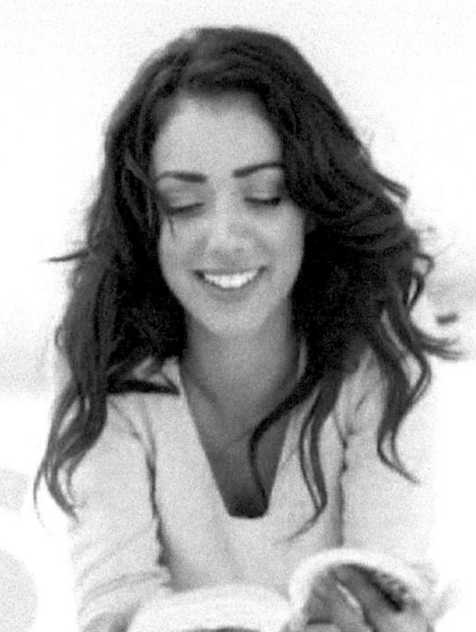

I want morebooks!

Buy your books fast and straightforward online - at one of world's fastest growing online book stores! Environmentally sound due to Print-on-Demand technologies.

Buy your books online at
www.morebooks.shop

Compre os seus livros mais rápido e diretamente na internet, em uma das livrarias on-line com o maior crescimento no mundo! Produção que protege o meio ambiente através das tecnologias de impressão sob demanda.

Compre os seus livros on-line em
www.morebooks.shop

KS OmniScriptum Publishing
Brivibas gatve 197
LV-1039 Riga, Latvia
Telefax: +371 686 204 55

info@omniscriptum.com
www.omniscriptum.com

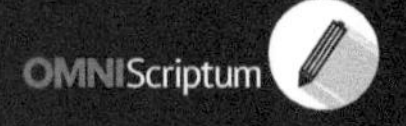

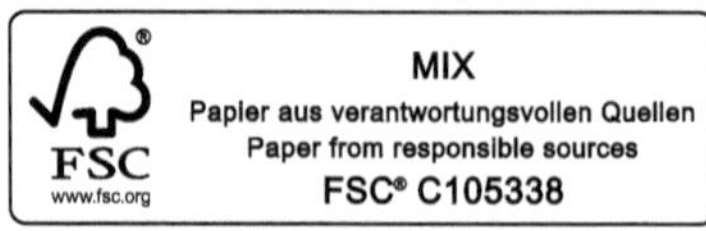

Printed by Books on Demand GmbH, Norderstedt / Germany